NOTICE
DES TABLEAUX,

DESSINS, ANTIQUITÉS
ET AUTRES OBJETS D'ART,
EXPOSÉS A L'HOTEL DE VILLE DE LYON,
AU PROFIT
DES OUVRIERS SANS TRAVAIL.

Le 11 Janvier 1827.

PRIX : 50 CENTIMES.

LYON,

IMPRIMERIE DE J. M. BARRET, PLACE DES TERREAUX.

M. DCCC XXVII.

AVIS.

La première Exposition qui a eu lieu à la Bibliothèque, offrait un si grand nombre de tableaux et d'objets d'art de toute espèce, qu'il paraissait impossible d'en préparer une seconde avec des élémens nouveaux, capables de piquer vivement la curiosité publique. Cependant, à la voix d'un Magistrat empressé de venir au secours des ouvriers malheureux, les cabinets de nos amateurs et les ateliers de nos artistes se sont ouverts et ont fourni des richesses dont on était loin de soupçonner toute l'étendue. Une Commission a été chargée par M. le Maire de les recueillir et de les exposer dans l'Hôtel de ville. Elle les a réparties dans plusieurs pièces qu'elle a désignées par les noms des principaux ouvrages qu'elles contiennent. Ainsi, la première qui renferme des armes, des vases et autres objets appartenans à différens peuples, a été appelée *Cabinet des curiosités étrangères*; la seconde est le *Salon de St-Polycarpe*, sujet du tableau que M. Genod a fait pour l'Archevêché; la troisième est le *Salon de la Charité*, sujet d'un tableau de M. Victor Orsel; la quatrième porte le nom de *Salon du Chevalier*, en l'honneur de la belle armure complète, tirée du Cabinet de M. Carrand; enfin, la galerie au nord, sur la cour de l'Hôtel, est appelée *Galerie de Boissieu*, parce qu'on y remarque au centre les chefs-d'œuvre et le portrait de l'artiste de ce nom. Ces monumens, d'un talent inimitable, méritaient un hommage particulier de la haute estime des Lyonnais.

La Commission, interprète de ce sentiment, a décoré d'une couronne de lauriers et d'immortelles l'image de celui qui sut si bien, toute sa vie, se faire admirer et chérir par ses ouvrages et par ses vertus.

NOTA. Dans chaque salon, galerie ou cabinet, les tableaux et autres objets d'art sont placés selon l'ordre des Numéros indiqués par la Notice.

Les noms des auteurs des Tableaux et Dessins exposés sont tels qu'ils ont été désignés par MM. les propriétaires ; on n'a pas cru devoir se permettre d'en changer aucun.

A la suite de chaque article, le nom du propriétaire est inscrit en lettres majuscules.

Les lettres A V. indiquent les Tableaux ou Dessins à vendre.

NOTICE
DE L'EXPOSITION
AU PROFIT
DES OUVRIERS EN SOIE SANS TRAVAIL.

VESTIBULE.

1. Tapissesie de Beauvais, représentant Joseph expliquant les songes. 16.e siècle. A M. REVOIL.

2. Tapisserie de Beauvais, aux armes de M. Letellier. A M. CHOMETON.

3. Cinq rouleaux, papier de Chine, avec personnages coloriés. A M. LAFOND, march. de curiosités. A V.

4. Un arc et un carquois rempli de flèches, armes des sauvages. AU MÊME.

5. Autre semblable. A M. JOLY. A V.

5 *bis*. Deux miroirs, glaces de Venise, anciennes, avec leurs cadres du temps. A M. BOISSONNET.

CABINET DES CURIOSITÉS ÉTRANGÈRES.

6. Couverture formée du *liber* ou écorce de certains arbres, imprimée en rouge brun, de l'île de Sandwich. — Zagaye de l'île de Madagascar, posée au travers. — Chapeau indien, qui couronne le tout, fait avec des feuillages de la côte de Malabar. A M. REY DE LA COLONGE.

7. Flacon du Mexique, à tête de mouton, terre ardoisée. A M. LAFOND. A V.

8. Gargoulette arabe, en terre cuite, de couleur fauve, avec des ornemens appliqués en bas-relief. AU MÊME. A V.

9. Porcelaine blanche coloriée. — Deux urnes du Japon. AU MÊME.

10. Gargoulette des Indes à col allongé, en terre rouge, dite Boccaro, ornée de cannelures. AU MUSÉE DE LYON.

11. Porcelaine craquelée grise, deux vases. A M. CHOMETON.

12. Deux magots, en pierre de Lard, coloriés. A M. LAFOND. A V.

13. Groupe de fleurs artificielles, sous verre, ouvrage des Chinois. AU MÊME. A V.

14. Gargoulette, en terre noire, semblable à celle n.° 10. MUSÉE DE LYON.

15. Autre, dite Boccaro. M. LAFOND. A V.

16. Vase du Mexique, en terre de couleur ardoisée. AU MÊME. A V.

17. Trophée composé, 1.° d'un casse-tête ou masse enb is de fer sculpté; 2.° d'une pipe, Ouka des Indes; 3.° De deux poignards Malais, dont un appartient au musée de Lyon; d'une paire de souliers de Belinga, peuple d'Orixa. A M. JOLY. A V.

On a ajouté à ce trophée un chasse-mouche du Bengale et un groupe d'épis de riz de la Cochinchine. A M. BOISSONNET.

18. Un écran de la Chine. A M. ARTAUD.

Sur la porte.

19. Sabre oriental en damas-mou, avec sa poignée et son fourreau, garni en argent, ayant appartenu au général Kléber. A M. ST-OLIVE.

19 *bis*. Un sabre Mauresque. A M. de CAZENOVE. — Au-dessous sont quatre éventails chinois, peints sur une espèce de talc, 2 appartiennent à M. JOLY et 2 à M. LAFOND. A V. — Dans les panneaux su-

périeurs on remarque une corbeille en jonc, vernie en dedans, à l'usage des dames Chinoises, et un éventail, en plume, très-élégant. A M. BOISSONNET.

Sur la corniche de la porte.

22. Grand plat du Japon, porcelaine coloriée. AU MUSÉE DE LYON.

23. Deux vases du même pays. Id. A M. JOLY. A V.

24. Deux animaux chimériques. Id. A M. LAFOND. A V.

25. Deux autres vases de porcelaine, peints en bleu, et garnis en cuivre doré. A M. JOLY.

26. Trophée composé : 1.° d'une housse des sauvages, en peau imprimée. A M. ARTAUD ; 2.° d'une lame en bois de fer. AU MÊME ; 3.° de deux autres ~~lames~~ ou zagayes ayant appartenu, l'une à un Siamois, l'autre à un habitant du Bengale. A M. JOLY. A V. ; 4.° d'un instrument en bois de fer, dit orgue de Barbarie. A M. LAFOND. A V. ; 5.° d'une hache dont le tranchant est en pierre dure. A M. de FLEURIEU ; 6.° d'une fronde et d'une torche de sauvage. AU MÊME. Lances

27. Autre trophée composé : 1.° de quatre zagayes de la côte de Madagascar ; 2.° d'une lance pour la pêche des habitans du royaume de Bornéo ; 3.° d'un vase-laque, en forme de bol. A. M. JOLY. A V.

27 *bis*. Poignard, dit cangiar. AU MUSÉE DE LYON.

Devant la Croisée.

28. Cage vitrée renfermant un vieux tronc d'arbre, garni d'oiseaux exotiques. A M. LAFOND. Au-dessus, un vase de Perse, de terre rouge, avec une soucoupe en carton colorié. A M. ARTAUD.

29. Deux figures chinoises à têtes branlantes. A M. LAFOND. Au-dessus, un petit groupe en porcelaine coloriée. AU MÊME, et une racine chinoise. A M. ARTAUD.

30. Stéatite, bonze assis, entouré d'un encadrement sculpté à jour. A M. ARTAUD.

30 *bis*. Un vase en bronze, nielé, à trois pieds, avec une garniture en cuivre doré. A. M. de FLEURIEU.

31. Fakir, moine musulman en méditation, statue faite à Calcutta. A M. JOLY. A V.

32. Cérémonie funèbre, bronze indien, composé de trois figures. AU MÊME. A V.

33. Figure chinoise en porcelaine coloriée, dans le genre de nos madones. A M. ARTAUD.

34. Autre, plus grande, en porcelaine blanche. A. M. JOLY. A V.; un magot de la Chine. A M. LAFOND, et une théière, dite boccaro. A M. ARTAUD.

35. Une tour chinoise, sous verre. A M. LAFOND. A V.

36. Deux figures chinoises montées sur des bêtes à corne, en bronze, l'une des deux a des accessoires en cuivre doré. A M. de FLEURIEU.

37. Panka ou grand éventail de l'Inde, garni d'indienne. A M. JOLY. A V.

38. Tapis de la Chine, en satin ponceau, broché soie et or. MUSÉE DE LYON.

39. Lé de taffetas blanc, avec des figures chinoises peintes en couleurs mêlées de dorure, d'un fini précieux.

40. Deux cadres vitrés, renfermant des papillons et des insectes exotiques. A M. LAFOND. A V.

41. Petit flacon indien, en terre cuite, en forme de baril. A M. ARTAUD.

42. Quatre grandes urnes du Japon, en porcelaine coloriée, deux appartiennent à M. GAVINET, et les deux autres à M. BOISSONNET.

43 et 44. Emaux indiens 1.° une aiguière avec sa cuvette; 2.° une soupière avec son support. A M. JOLY. A V. 3.° un animal chimérique en porcelaine blanche. A M. LAFOND. A V.

45. Tapis chinois blanc, fait d'écorce d'arbres, et imprimé en bleu indigo. A M. BOISSONNET.

46. Image de Doorga-Pouja, divinité indienne. AU MÊME.

47. Deux pankas peints, ou éventails faits avec des feuilles d'arbre de l'île de Madagascar. A M. JOLY. A V.

48. Tambour appelé tan-tan. A M. BOISSONNET.

49. Portrait d'une bayadère ou danseuse du nord de l'Indoustan. AU MÊME.

50. Parasol chinois, en papier peint, suspendu au milieu du cabinet. AU MÊME.

51. Panier-Rotin d'un habitant de la presqu'île du Gange. A M. LAFOND. A V.

Architecture.

Le défaut de place a forcé la Commission à exposer les dessins suivans dans ce cabinet de curiosités étrangères.

A. Coupe longitudinale de la moitié de la galerie qui doit remplacer l'ancienne allée de l'*Argue*, arrêtée par le conseil d'administration de la compagnie, sur les plans de M. FARGE, architecte, déposée par les administrateurs de ladite compagnie.

A *bis*. Elévation de l'entrée de la galerie, sur la place Confort.

C *bis*. Dessins d'un palais grec et d'un palais romain, modèles de deux décorations pour le Grand théâtre, par M. CHENAVARD, architecte, professeur à l'école royale des beaux-arts de Lyon.

D. *Vues et Dessins de l'église de Brou.*

1. L'ensemble du chœur.
2. Détails des stalles placées dans le chœur.
3. Tombeau de Philibert-le-Beau, placé au centre du chœur.

4. Partie des vitraux du rond-point, où se voient les fondateurs de l'église, à côté de leurs patrons.
5. Dessus de l'autel de la chapelle de l'Assomption.
6. Tombeau de Marguerite d'Autriche.
7. Le même, au trait.
8. Vue d'une vue latérale.

Tous ces ouvrages, de M. Louis DUPASQUIER, doivent être lithographiés et faire partie d'un ouvrage sur l'église de Brou, qui sera accompagné d'un texte historique et descriptif, par M. Alphonse DUPASQUIER. La première livraison paraîtra dans le courant de mars et d'avril.

SALON DE St-POLYCARPE.

1. L'abreuvoir, par Van Falens, à M. GAVINET.

2. Vue prise à l'est de Lyon, par M. Jacob, peintre lyonnais. A M. A.-J. MARTIN.

3. Marche d'animaux auprès d'un ancien aqueduc. Copie d'après Karel Dujardin, par M. Bellay, peintre lyonnais. A M. DE FLEURIEU.

4. Martyre de St. Polycarpe. Il refuse courageusement de sacrifier à Jupiter; une voix se fait entendre dans le ciel et lui crie : *Eugè, Polycarpe, ne deficias.* Par M. Genod, peintre lyonnais. A L'ARCHEVÊCHÉ DE LYON.

5. Paysage, par M. Dunouy. A M.lle PERNON.

6. Vase de fleurs, par M. Saint-Jean, peintre lyonnais. A M. SAINT-JEAN. A V.

7. Paysage, par Winantz. A M. CAPELIN.

8. Poste militaire, par M. Thierriat, peintre lyonnais, professeur à l'école royale des beaux-arts. A M. ACHAR-JAMES.

9. Cour du château d'Yvours, par M. Duclaux, peintre lyonnais. A M. le chevalier ARTAUD, directeur du Musée.

10. Chasseur en vedette à l'entrée d'un pont, par M. Duclaux. A M. ACHER.

11. Médaillon entouré de fleurs et de fruits, par feu M. Bourne, ancien dessinateur. A M. SUIFFET.

12. Étude d'une figure d'Ange, dessin au crayon rouge, par Le Corrége. A M. COULET.

13. Le bon Samaritain, école flamande. A M. CH. RAMBAUD.

14. Le buveur Flamand, par Van Ostade. A M. B***. A V.

15. Paysage, par Le Bolognèse. A M. A.-J. MARTIN.

16. Marine, effet de brouillards, par J. Vernet. A M. AYNARD.

17. Halte de cavaliers, par P. Wouwermans. A M. GAVINET.

18. Coucher de soleil, par Patel père. A M. A.-J. MARTIN.

19. Portrait de feu Magnin, jeune peintre lyonnais, mort en Italie à la fleur de l'âge et à l'entrée d'une carrière qu'il allait parcourir avec honneur, peint par lui-même. A Mad. MAGNIN.

20. Groupe de fleurs et de fruits, par M. GRAND-PIÉGAY, peintre lyonnais. A M.lle PERNON.

21. Jeune fille au confessionnal, par M. Trimolet, peintre lyonnais. A M. CAPELIN.

22. Paysage, effet de neige, par M. Malebranche. A M. SUIFFET.

23. Mosquée sur les bords d'un fleuve, par M. Jacob. A M. GODINE.

24. Corps-de-garde, esquisse par Le Duc. A M. Joly. A V.

25. La petite fileuse, par M. Jacquand, peintre lyonnais. A M. CAPELIN.

26. Soleil couchant, par M. Fructus. A M. FRUCTUS.

27. L'armée de Charles Martel combattant les Sarrazins devant la maison carrée de Nismes, dessin par M. Epinat, peintre lyonnais. A M. EPINAT. A V.

28. Figaro écrivant sur ses tablettes, par M. Cornu, peintre lyonnais. A M. CORNU. A V.

29. Vue d'un moulin dans un paysage, par M. Very, peintre lyonnais. A M. CHOMETON. A V.

30. Paysage au soleil couchant, par M. Very. A M. MONERET. A V.

31. Paysage, dessin à la plume, par Claude Gelée dit le Lorrain. A M. COULET.

32. Orpheline du canton de Fribourg posant une couronne de fleurs sur la tombe de sa mère, par M. Genod. A M. GENOD. A V.

33. Mazeppa, dessin au crayon noir, rehaussé de blanc, d'après le tableau de M. le chev. Horace Vernet, par M. Jacomin, peintre lyonnais. A M. Adrien DE VILLAS.

34. Une jeune fille soignée par des sœurs de l'hôpital de Lyon, par M. Jacquand. A. M. JACQUAND. A-V.

35. Intérieur d'une cuisine d'hôpital, par Mad. Joli, née Quirot. A M. QUIROT.

36. Etude d'après nature, par M. le chevalier Richard, lyonnais, peintre ordinaire du cabinet du Roi. A M. RICHARD.

36 *bis*. Autre étude d'après nature, par le même. AU MÊME.

37. Relais de la poste aux chevaux, par M. Duclaux. A M. MONERET. A V.

38. Portrait de M.***, peint par Mad. Darieux, lyonnaise. A M. C. RAMBAUD.

38 *bis*. Le déjeûner est servi.... Tableau par M. Chometon, peintre lyonnais. A M. Thivin. A V.

39. Corbeille de fleurs, aquarelle, par M. Thierriat. A M. THIERRIAT. A V.

40. Vase de fleurs, par M. Lepage, peintre lyonnais, profess. à l'école royale des beaux-arts. A M. BRUN.

40 *bis*. La vieille femme avec son chat, par G. Dow. A M. Aynard.

41. Groupes d'amours jouant dans un paysage, par Wtemburg. A M. CAPELIN.

42. La grande cuisine flamande, par D. Teniers. A M. VACHON-IMBERT.

43. Guerrier grec pleurant la mort de son chien, par M. Dunand. A M. B.*** A V.

44. St. François d'Assises en prière, par Annibal Carrache. A M. A.-J. MARTIN.

45. L'empirique flamand, maître inconnu. A M. Didier PETIT.

46. Portrait en pied de M. Legendre-Héral. professeur de sculpture à l'école des beaux-arts, par M. Jacquand. A M. JACQUAND.

47. Vue des environs de Gènes, par M. Duclaux. A M. DUCLAUX. A V.

48. Groupe de fleurs, par M. Grand-Piégay. A M. GRAND-PIÉGAY.

49. Tableau de fruits, par le même. AU MÊME.

50. Jeune fille auprès de sa mère malade, par M. Cornu. A M. CORNU. A V.

51. Entrée du pont Morand, du côté des Brotteaux, par un temps de neige, par M. Duclaux. A M. DUCLAUX. A V.

52. Portrait de Mme la C.^{sse} de V.*** par Mlle de Virieux, lyonnaise A M. DE VIRIEUX.

53. Vue. Scène du déluge, par M. Hennequin, peintre lyonnais. A M. GRAND-ZACHARIE.

54. Dessin d'une forêt, par M. Epinat. A M. CHAPELLE.

55. Dessin d'une grande cascade, par le même auteur. A M. CHAPELLE.

56. Site sauvage, par un maître inconnu de l'école flamande. A M. BARRE.

57. Deux villageois flamands à une fenêtre, par Van Ostade. A M. de VILLENEUVE.

58. Portrait du célèbre Guy Patin, par Gaspard Netscher. A M. MARTIN. D. M.

59. Vue d'un site d'Italie, par Boguet. A M. SUIFFET.

60. Paysage, école flamande. A M. GODINE.

61. Deux petites têtes d'étude, par un maître inconnu. A M. PERRET.

62. Villageois flamand, par un maître inconnu. A M. CHAPELLE.

63. Rencontre de cavalerie près Salins, par Jean-Van Hugtemburgh, peintre du fameux prince Eugène. A M. FRANCOAL.

64. Eruption du Vésuve, par M. Epinat. A M ROUX.

65. Paysage éclairé par la lune, peint par Eglon Vander Neer. A M. CAROLE.

66. Eliézer et Rebecca, par de Troy. A M. le Ch d'ARESTE.

67. La Vierge tenant l'enfant Jésus, par Carle Maratti. A M. de FLEURIEU.

68. Concert villageois, école de Teniers. A M. Victor COSTE.

69. Circé, dessin sur papier gris, rehaussé de blanc, par François Mazzuoli dit le Parmesan. A M. COULET.

70. Groupe d'animaux dans un paysage, par Van Romayn. A M. A.-J. MARTIN.

71. Bouquet de roses, attaché à une croix plantée sur la sépulture d'une jeune fille, avec ces vers :

Et rose elle a vécu ce que vivent les roses :
L'espace d'un matin.

par M. Lepage. A M. de CAZENOVE.

72. Danse de villageois flamands devant une hôtellerie, par Teniers. A M. CAPELIN.

73. La mélancolie de Feti. A M. CHARPENTIER.

74. Tabagie flamande, par Petters Bloot. A M. FRANCOAL.

75. Scène villageoise, par M. Hector Reverchon, peintre lyonnais, professeur de dessin à l'école royale vétérinaire. A M. REVERCHON. A V.

76. Intérieur d'une Eglise gothique, par Henri Steenwick. A M. MONERET. A V.

77. Départ de Cuirassiers, par Bourguignon. A M. A.-J. MARTIN.

78. Eruption du Vésuve, par M. Epinat. A M. de LACROIX-LAVAL, aîné.

79. Marche d'animaux, par Nicolas Berghem. A M. GAVINET.

80. Marine, par Adrien Vander Kabel. A M. EPINAT. A V.

81. Nymphes au bain, dans un site sauvage, figures de Gérard Lairesse, et paysage de Jean Glauber. A M. GRAND-ZACHARIE.

82. Paysage avec figures, première manière de M. Demarne. A M. CAPELIN.

83. Intérieur d'une cuisine flamande, école de Teniers. A M. de FLEURIEU.

84. Cavalier dans un paysage, par M. Demarne. A M. A.-J. MARTIN.

85. L'enfant prodigue école flamande. à M. MAS.

86. Figures de pêcheurs dans un paysage, par Baut et Boudewyns. à M. A.-J. MARTIN.

87. Conscrits français donnant des secours à de pauvres prisonniers autrichiens, par M. Dunaud. A M. B***. A V.

CURIOSITÉS, OBJETS D'ART ET ANTIQUITÉS.

CROISÉE AU NORD. — *Cadre vitré* N.° 1, *contenant les Antiquités suivantes :*

1. Deux brasselets de bronze.
2. Miroir antique, avec sa boîte.
3. Un petit bouclier votif.
4. Jouet de bronze, dont l'usage nous est inconnu.
5. Sonnette en bronze.
6. Lampe en bronze, à deux becs, dédiée au soleil.
7. Autre lampe de bronze, à godrons.
8. Autre lampe de bronze imitant une pièce de volaille.
9. Autre lampe de bronze.
10. Autre lampe de bronze, forme de galère.
11. Petite cuiller servant à prendre l'encens dans les sacrifices. Arg.
12. Quatre fibules de bronze.
13. Trois clefs en bronze.
14. Petites boucles d'oreilles, br., forme de sangsue.
15. Autre en argent, avec une perle d'émail.
16. Cinq anneaux de bronze.
17. Un baguier contenant trois pierres gravées, antiques, montées en bague, or fin. Une tête de Socrate

montée aussi en bague. Trois anneaux antiques, or, dont l'un est gravé. Deux camées montés aussi en bague; l'un représente Socrate et l'autre la tête d'Agrippa.

18. Camée de calcédoine saphirine, représentant une tête de Méduse; cette pierre est percée pour y passer des cordons.

19. Anse de vase en bronze, ornée de deux mascarons.

20. Autre anse en bronze, terminée par deux mains.

21. Autre petite anse en bronze, formée par une panthère.

22. Fragment en bronze d'un pied de vase ou de trépied antique, représentant un génie ailé.

23. Autre, formé par la tête et la griffe d'un tigre.

24. Débris de bronze, à godrons, dont l'origine nous est inconnue.

25. Aile en bronze.

26. Vase ou ornement en bronze, ciselé, d'un travail exquis, d'une belle conservation (Voyez ce que dit Caylus dans ses Antiquités, tom. 2. pag. 356, pl. 96, n.° 1, d'un ornement semblable dont le travail et la conservation ne sont pas aussi parfaits.

27. Ustensile de bronze dont l'usage nous est inconnu.

28. Tymbale, d'ancien travail arabe.

29. Débris en bronze de la coiffure d'une divinité égyptienne, ornée d'une tête d'épervier.

30. Yeux détachés d'une momie égyptienne, bronze et ivoire.

31. Mascaron de bronze, travail égyptien.

32. Amulette égyptien couvert de caractères hiéroglyphiques, avec deux divinités, d'un beau travail. Pierre dure.

33. Scarabée égyptien, en pierre de touche, creusé en dessous, supporté sur une base de grès.

34. Autre scarabée en basalte, sous lequel sont gravés trois divinités.

Ces objets appartiennent à M. Lambert.

Croisée au nord. — *Cadre vitré*, N.° 2, *contenant les Curiosités suivantes :*

35. Crosse en bronze, du 13.e siècle, dorée et émaillée, représentant l'Annonciation, trouvée en 1793 dans un tombeau, à Strasbourg.

36. Une paix, représentant la Vierge et son Fils, avec des Anges. Même époque.

37. Custode ou Ciboire. Même époque.

38. Paix d'ivoire, de travail du moyen âge, représentant Notre-Seigneur J. C.

39. Croix de bronze, du XIVe siècle.

40. Plaque de ceinturon gothique, en bronze, des premiers temps de la monarchie.

41. Ecritoire gothique, en bronze, très-ancienne.

42. Autre écritoire émaillée, du XIIIe siècle.

43. Ancien objet de bronze gothique, d'usage inconnu.

44. Poire à poudre, en ivoire, sculptée, forme de poisson, couverte d'animaux, avec sa garniture en cuivre.

45. Autre, en corne de cerf sculptée, représentant David qui tue le géant Goliath, garnie en argent, style florentin.

46. Petit cor de chasse, cuivre doré, ciselé, orné de fleurs de lis et d'hermines, ayant appartenu à un des officiers d'Anne de Bretagne.

47. Dague damasquinée en or, avec une fourchette et poinçon. XVIe siècle.

48. Couteau à gaîne, manche d'ivoire sculpté. *Idem.*

49. Epingle de tête, ciselée, argent. Même époque.

50. Deux anneaux gothiques, l'un or et l'autre argent.

51. Bague émaillée, or. XVIe siècle.

52. Couvert en vermeil et filigrane, du règne d'Henri IV.

53. Couteau indien.

54. Sceau pendant de S. Edouard, dit le confesseur, roi d'Angleterre, qui monta sur le trône en 1042;

Il est le premier qui ait fait sceler les actes dans ses états. Ce sceau est le seul connu.

55. Sceau à sceler, en bronze, de Henri VI, empereur d'Allemagne, mort en 1197, avec l'inscription gothique : *Divina favente clementia, Romanorum imperator, semper augustus, Henricus sextus.*

Cet empereur est le premier des Souverains en Allemagne, depuis les Romains, qui ait pris la légende *semper augustus*. On croit aussi qu'il est l'inventeur des sceaux pendans et du contre-scel. Ce monument est inédit.

56. Un diptique d'ivoire dont les feuillets sont partagés chacun par quatre registres, contenant les principaux événemens de la vie de J. C. XIVe siècle.

57. Autre diptique dont les feuillets sont partagés chacun par deux registres, contenant aussi des sujets de la vie de J. C., mais avec des différences. Même époque.

Ces objets appartiennent à M. Lambert.

CROISÉE AU NORD. — *Cadre vitré*, N.° 3, *contenant les Antiquités suivantes :*

58. Une patte d'Ibis en bronze, travail égyptien.

59. Marteau de porte, en fer ciselé, ayant appartenu à la maison de *** dont les armoiries sont gravées dans le fond. XVIe siècle.

Ces objets appartiennent à M. Lambert.

CROISÉE AU MIDI. — *Cadre vitré* N.° 4, *contenant les objets suivans :*

60. Bas-relief en bronze, représentant la flagellation du Christ, travail florentin.

61. Deux bas-reliefs en bronze faisant pendans ; l'un représente le triomphe de la religion, et l'autre celui de la justice.

Médaillons du moyen âge.

62. Trois paysans Suisses se donnent la main et forment le projet de procurer la liberté à leurs cantons. La légende allemande fixe l'époque de cette conspiration à 1296. ℟. Les armes des XIII Cantons émaillées, vermeil. Pièce rare et curieuse.

63. Jean VIII. Paléologue. ℟. Ouvrage de Victor Pisan, artiste célebre qui fit revivre l'art oublié de faire des médailles. Br.

64. Charles VIII, et au revers Anne de Bretagne. Cette médaille est la première exécutée en France avec le buste d'un roi; elle fut frappée à Lyon en 1493. Br. dor.

65. Louis XII et Anne de Bretagne, médaillon de bronze fondu à Lyon en 1499.

66. P. Alovisinus Balius Tarvisinus, 1513. Personnage inconnu. Br.

67. Sigismond I.er, roi de Pologne, 1531. Br.

68. François I.er et sa femme. Br.

69. Guadagne, florentin. ℟. Inscription latine dans laquelle on décrit ses titres à la cour de François I.er, roi de France, et où l'on apprend que la chapelle où était son tombeau fut fondée en 1523. Ce Florentin est Thomas de Guadagne, le chef de cette famille célèbre qui, après avoir quitté Florence à la suite des troubles civils, apporta à Lyon ses talens et ses richesses, fit construire de beaux édifices et fut inhumé dans une chapelle de l'église des Jacobins où ce médaillon a été trouvé.

70. Ferdinand, roi de Rom., Hong., Boem., Dalm., Croa. ℟. Ses armes et d'autres titres, 1541. Arg.

71. Jean-George, duc de Saxe. ℟. Ses armes. Arg.

72. Louise, duchesse de Valois, comtesse d'Angoulême. ℟. Marguerite, fille de Charles, comte d'Angoulême. Br.

73. Le pape Paul IV. ℟. Le pape reçoit les clefs du Christ. Br.

74. Alexandre VIII. ℟. Un mausolée. 1700. Br.

75. Le cardinal de Brancat. ℟. Un lion mort, dans sa gueule un essaim. 1635. Grav. Connon. Br.

76. Marie, reine d'Angleterre. ℞. La paix met le feu à un monceau d'armes. Br. doré.

77. La fille de Ferdinand de Gonzague. ℞. Son départ pour la chasse. Br.

78. Cosme II, grand duc d'Etrurie. ℞. L'archiduchesse, son épouse. Arg.

79. Marie de Médicis, épouse de Henri IV. ℞. Un vaisseau où commande la reine. 1611. Grav. Dupré. Br.

80. Pompone de Bellièvre. ℞. Le soleil éclaire des travaux d'agriculture. 1598. Grav. Bloc. Br.

81. Le chancelier de Sillery. ℞. Un globe céleste sur lequel Apollon conduit son char. Grav. Dupré. Br.

82. Heroard, premier médecin du Roi. ℞. Ses armes. 1628. Grav. Warin. Br.

83. Boice, intendant des jardins du Roi. ℞. Une femme au milieu d'un jardin. 1630. Br.

84. Le duc d'Espernon. ℞. Un lion qui ne s'effraie point d'une torche allumée. Grav. Dupré. Br. doré.

85. Le maréchal de Toyras. ℞. Un soleil. 1614. Grav. Dupré. Br. doré.

86. Anne de Rohan, princesse de Guéménée. ℞. Un aigle qui fixe le soleil. 1638. Grav. Warin. Br. doré.

87. Louis XIII. ℞. La justice. 1623. Grav. Dupré. Br. doré.

88. Anne son épouse. ℞. Louis XIII. 1630. Même grav. Br dor.

89. La même. ℞. Son fils, Louis XIV. 1643. Gr. Warin. Br. dor.

90. La même, en face de son fils. Grav. Warin. Br.

91. Portail de l'église des Carmélites de Lyon qui fut fondée en 1631 et dédiée à la Vierge, par Charles de Neufville, gouverneur de la ville. Br. (Édifice détruit).

92. J. Cauvin et Alexandre Bassien, leurs têtes réunies. ℞. La tête de Mantua, fameux jurisconsulte de Padoue. Les deux premiers sont ces célèbres graveurs connus sous le nom de Padouans si habiles contrefacteurs de Médailles antiques. Ce médaillon est leur ouvrage.

93. Anne, reine de France. Louis XIV jeune. Grav. Warin. Br.

Ces objets appartiennent à M. LAMBERT.

CROISÉE AU MIDI. — *Cadre vitré*, N.° 5, *contenant des médaillons.*

1. Charles VIII.
2. Philibert le beau et Marguerite d'Autriche, fondateurs de la belle église de Brou, à Bourg.
3. Gonsalve de Cordoue, après la victoire de Guarillan.
4. Pacification de l'Italie. ℞. Henri II.
5. Le connétable Desdiguières.
6. Gassendi, par Warin.
7. Jules, cardinal de Mazarin.
8. Ferdinand et Isabelle, médaille d'argent frappée pour leurs épousailles.
9. Charles de Laubespine, marquis de Château-neuf.
10. Meric de Vic, Chancelier de France.
11. Marie de Médicis. ℞. Le vaisseau emblême de la ville de Paris.
12. Brulart de Sillery.
13. Anne d'Autriche et Louis XIV enfant. ℞. Le Val de Grâce, par Warin.
14. Messire Charles Duret, seigneur de Chevri.
15. Pierre Seguier.
16. Le Cardinal de Richelieu.
17. Chaumont, marquis de la Galésière.

Ces objets sont à M. BARRE.

MÊME CROISÉE. — *Cadre vitré*, N.° 6, *contenant des médaillons.*

1. Camille de Neufville, archevêque de Lyon.
2. Gaspard Monconys, de Liergues.
3. Médaillon de la restauration de l'hôtel de ville de Lyon en 1655.

4. Panciatico, fondateur de la chapelle des Florentins, aux Jacobins de Lyon.

5. Jean Fleberg ou Cleberg, dit l'*Homme de la Roche*, trouvé dans la base de la vieille statue de bois érigée à Bourg - neuf.

6. Marguerite Bellet, lyonnaise, par Warin.

7. Charles Grolier, lyonnais, par le même.

8. Philippe Croppet, lyonnais, par le même.

9. Jean de Mouceau.

10. Médaillon d'argent de l'hôtel de ville de Lyon.

11. Matthieu Chappuis, lyonnais, par Warin.

12. Nicolas Desvignes, lyonnais, par le même.

13. Dalichous, lyonnais, par le même.

Ces objets sont à M. Barre.

SALON DE LA CHARITÉ.

1. Paysage, par Hobbema. A M. COULET.

2. Chaumière dans les bois, sur les bords d'une petite rivière, manière de Ruisdael. A M. C. RAMBAUD.

3. Vue d'Italie, par un élève de Bruandet. A M. MONERET. A V.

4. Un enfant appliqué à faire des bulles de savon, par Adrien Brauwer. Ce tableau a appartenu à feu M. de Boissieu père, digne appréciateur et émule des habiles maîtres de l'école flamande. A M. de Boissieu fils.

5. Des charlatans, par M. Demarne. A M. AYNARD.

6. Vue d'Italie, maître inconnu. A M. GODINE.

7. Etude d'une grotte, par J. Vernet. A M. CAROLE.

8. Vue d'un aqueduc, par A. Berghen. A M. GRAND-PIÉGAY.

9. Rochers, site sauvage, par Salvator Rosa. A. M. G. VINCENT.

10. Vue d'une église et d'un cimetière couverts de neige, par M. Régnier. A M. le comte de BROSSES, préfet du Rhône.

11. Une tête de Christ couronnée d'épines, par Guido Reni. A Mad. veuve MAYEUVRE DE CHAMPVIEUX.

12. Une marine, par J. Vernet. A M. ROCH DUPERROT.

13. Plusieurs têtes groupées, par Louis Carrache. A M. MICHOUD.

14. Une marine, par J. Vernet. A M. ROCH DUPERROT.

15. Plusieurs objets inanimés groupés sur une table, par Jean Vander Heyden. Ouvrage cité dans le 3.e vol. de la vie des peintres, par Descamps, pag. 49. A M. REVOIL. A V.

16. Paysage avec figures, par Jean Miel. A M. MONERET. A V.

17. Paysage, effet d'hiver, par Cornille Molenaër. A M. GRAND ZACHARIE.

18. Vue d'une église de village au milieu d'un massif d'arbres, par Jean Hakkert. A M. Victor COSTE.

19. Halte de cavaliers dans un paysage, par Bernard Gaël. A M. BARRE.

20. Abreuvoir dans un paysage, par Albert Kuip. A M. COULET.

21. Bataille, par P. Wouwermans. A M. AYNARD.

22. Vue des ruines de la belle abbaye de Marmoutier, par M. Epinat. A M. ACHER.

23. Groupe de jeunes filles tressant des fleurs dans un paysage, par Orisonti. A M. CAPELIN.

24. Vocation de Bayard: « Monseigneur mon père, combien que amour paternel me tienne si fort obligé, que je deusse oublier toutes choses, pour vous servir sur la fin de votre vie, ce néanmoings ayant enraciné dedans mon cœur les bons propos que chacun jour vous récitez des nobles hommes du temps passé, mesmement de ceux de notre maison, je serai s'il vous plait de l'estat dont vous et vos prédécesseurs ont été qui est de suivre les armes. » *Vie de Bayard, par le loyal Serviteur.* Tableau par M. le ch.er Richard. A M. MONTAIN.

25. Une forêt, école de Winantz. A M. CAROLE.

26. Marche d'animaux dans un paysage, maître inconnu. A M. LABORÉ

27. Un chevalier faisant ses adieux à sa dame, par M. Dunand. A M. B.*** A V.

28. Paysage, par M. Arnaud. A M. ARNAUD. A V.

29. Intérieur d'une écurie, par Launay. A M. ROCH DUPERROT.

30. Intérieur d'une forge, par le même. A M. ROCH DUPERROT.

31. La Circoncision, école allemande. A M. MONERET. A V.

32. Groupe d'animaux, par Bloemaert. A M. ACHER.

33. Agar présentée à Abraham, par M. Victor Orsel, peintre lyonnais. A M. ORSEL aîné.

34. Adam et Eve auprès du corps d'Abel. Caïn s'enfuit chargé de la malédiction de son père. Eve semble partagée entre la douleur que lui cause la mort de son fils et le sentiment pénible que lui fait éprouver la juste colère d'Adam, par M. Victor Orsel. AU MUSÉE DE LYON.

35. Tête d'étude, par Guido Reni. A M. MICHOUD.

36. La Vierge et l'enfant Jésus, par Andréa de Solario. A M. PERRET.

37. Vue de l'ancien château de Pierre-Scise, tel qn'il était avant la révolution, par M. Dunoui. A M. FRUCTUS.

38. Lucréce, par Guido Reni. A M. MICHOUD.

39. S.te Magdelaine quittant sa parure, école du Guide. A M. ROCA.

40. La Charité: Son sein nourrit de petits enfans et ses mains donnent du pain à des vieillards, par M. Victor Orsel. A L'ADMINISTRATION DE LA CHARITÉ.

41. Portrait d'homme, par Musche. A M. JOLY. A V.

42. Portrait d'un homme vêtu de noir, la main droite appuyée sur un livre. Ouvrage admirable long-temps attribué à Bartholommé Vander Helst, et reconnu maintenant pour être de la main de Douvet, ou plutôt Jean-François Douven. A M. MICHOUD.

43. Cérès cherchant Proserpine, par Lahire. A M. GAMBON.

44. Le Christ expirant, S. Jean et Ste. Magdelaine pleurent au pied de la croix, par Jacques Jordaens. A M. COULET.

45. Ste. Cécile, par J. B. Santerre. A Mad. VAURENARD.

46. S. Jean, prêchant dans le désert, maître inconnu. A M. COULET.

47. Tête de vieillard, par Rembrandt. A M. COULET.

48. Silène, par P. P. Rubens. A M. MERCIER. A V.

49. Portrait d'homme vêtu de noir, par Titien. A M. G. VINCENT.

50. Martyre d'une jeune vierge, par C. Lebrun. A M. B.*** A V.

51. Thomyris, reine des Scythes, fait plonger la tête de Cyrus dans un vase plein de sang; copie d'après Rubens, par Coypen. A M. TRÉLIS.

52. Marche d'animaux, par Benedetto Castiglione. AU MUSÉE DE LA VILLE.

53. Copie en petit de la fameuse école d'Athènes, de Raphaël A M. G. VINCENT.

54. Portrait de M. Victor Orsel, peint par lui-même. A M. ORSEL aîné.

55. Incendie d'un village, par Jean Stéen. AU MUSÉE DE LA VILLE.

56. Sainte famille, par A. Van Dyck. A M. COULET.

57. Le Sacrifice d'Abraham, par E. Lesueur. A M. GAY.

58. La Charité, tableau peint sur bois, par Lesueur. A M. JOLY. A V.

59. Le Christ mort, adoré par les anges, peint par A. Del Sarte. A M. AYNARD.

60. Paysage enrichi de groupes de figures et d'animaux, par Michel Carré. A M. TURIN.

61. Adoration des Mages, maître inconnu. AU MUSÉE DE LA VILLE.

62. Sortie de l'arche, par Bonboulogne, AU MUSÉE DE LA VILLE.

63. Tête de vieillard, maître inconnu. A M. DUCLAUX. A V.

64. Tête de vieillard avec des mains, par M. Hennequin, A M. MONGEZ-LAROCHE.

65. Adoration des Mages, par P. Rubens. A M. DE LACROIX-LAVAL aîné.

66. Portrait d'homme, par Sébastien Bourdon. A M. MARTIN, D. M.

67. Portrait d'homme vêtu de noir, par Rembrandt. A M. COULET.

68. Moyse sauvé des eaux, attribué à N. Poussin. A M. COULET.

CURIOSITÉS, OBJETS D'ART ET ANTIQUITÉS.

CROISÉE A GAUCHE. — *Cadre vitré* A, *contenant les Curiosités suivantes :*

1. Coupe en bois, ornée de bas-reliefs et d'un manche, terminé par une tête de lion, trouvée dans une muraille du château de Joinville. A M. de JERPHANION.
2. Petit coffret de la fin du XVI.e siècle, en bronze doré. A M. JOLY. A V.
3. Statuette d'un sacrificateur romain, en bronze. AU MÊME. A V.
4. Coffret en nacre. AU MÊME. A V.
5. Petit bas-relief d'ivoire, représentant Josué arrêtant le Soleil. A M. de FLEURIEU.
6. Vase à boire, de la Chine. A M. JOLY. A V.
7. Coffret de fer gothique. A M. Adrien de VILLAS.
8. Deux rapes à tabac, en ivoire. A M. JOLY. A V.
9. Soulier d'une jeune fille chinoise. A M. de FLEURIEU.
10. Peigne de sauvage. AU MÊME.
11. Losange émaillée, de Venise. A M. JOLY. A V.
12. Poignard damasquiné, du XVIe siècle. AU MÊME. A V.
13. Autre poignard en ivoire de la même époque. On lit ces mots sur la lame :

    Jamais ne cesserai de manifier le Seigneur.

    A M. Isaïe de BOISSIEUX.
14. Statuette d'ivoire, représentant Ste. Magdelaine, A M. JOLY. A V.
15. Autre statuette de la Ste. Vierge. AU MÊME. A V.

CROISÉE A GAUCHE. — *Cadre vitré* B, *contenant des objets sculptés en ivoire.*

1. Quatre bas-relief, sujets de l'Histoire romaine, (sous le même N.o)

2. Deux-bas reliefs, Jason, Jupiter et Antiope, (sous le même n.°)
3. Autre bas-relief, scène de buveurs.
4. Bas-relief, portrait de femme.
5. Quatre manches de couteau, même n.°
6. Deux poignards, sous le même n.°
7. Deux épingles de tête, même n.°
8. Deux sifflets, même n.°
9. Un miroir du XV.e siècle.
10. Une cuiller.

Ces objets sont à M. POUPAR.

CROISÉE DU MILIEU. — *Cadre vitré C, contenant des Antiquités égyptiennes.*

A. Masque de femme en plâtre.
B. Statuette en bois, d'un travail soigné.
C. Un fœtus humain dans un petit cercueil de momie.
D. Masque colorié Greco-Egyptien rapporté de Thèbes, par M. le Comte de FORBIN.
E. Momie de poisson dans une gaîne en bois qui représente le poisson même.
F. Patère Egyptienne en marbre.
G. Statuette en pierre olaire, avec hiéroglyphes.
H. Panier de jonc, renfermant du pain des anciens Egyptiens.
I. Lampe de terre vernissée.
K. Autre lampe en forme de grenouille.
L. Van égyptien en bronze.
M. Flacon mi-porcelaine verdâtre avec ornemens et hiéroglyphes gravés en creux, trouvé à Thèbes.
N. Autre, plus petit, sans ornemens.
O. Morceau de bretelle en peau rouge, offrant un cartouche royal imprimé en bas-relief.

P. Tête en bois dur d'un beau travail, qui a fait partie d'une statuette.

Q. Tresse de cheveux, dans un tube de verre moderne.

Ces objets appartiennent à M. Artaud.

Croisée du milieu. — *Cadre vitré* D, *renfermant en grande partie de petits amulettes égyptiens en porcelaine.*

A gauche, on distingue :

1.° Un billet plié, écrit en caractères hiéroglyphiques, entouré de fil et cacheté avec de l'argile. Ce monument était destiné à être suspendu au cou d'un mort pour lui servir de recommandation auprès de quelque divinité ;

2.° Un petit manuscrit en papyrus roulé, en lettres hiératiques ;

3.° Des scarabées en pierre dure, d'autres en terre émaillée;

4.° Des doigts votifs, en pierre noire, l'index et le médius joints ensemble, signes de bénédiction ;

5.° A droite un scarabée véritable qui a été conservé dans du bitume ;

6.° Un morceau de verre tricolor, taillé à facettes ;

7.° Un gros anneau en verre de couleur, forme de serpent ;

8.° Un typhon en faïence coloriée, etc.

Ces objets appartiennent à M. Artaud.

Croisée du milieu. — *Cadre vitré* E.

Également rempli d'amulettes, autour desquels sont de gros scarabées en pierre dure ; à droite on distingue une espèce de camail en carton, ayant des ornemens en reliefs, dorés ; à gauche deux yeux humains dont l'orbite est en ivoire, la prunelle en verre noir et la paupière en bronze.

Ces objets appartiennent à M. Artaud

Objets exposés sur la même table et devant la même croisée du milieu.

R. Un petit cercueil de momie, en terre cuite, avec une statuette en dedans et une autre sur le couvercle.

S. Autre en pierre calcaire, orné d'hiéroglyphes gravés, dans lequel est une statuette en cire, à tête d'épervier.

T. Une petite tête en pierre calcaire, chargée d'hiéroglyphes.

U. Portion de crâne rempli de bitume.

Ces objets appartiennent à M. ARTAUD.

CROISÉE A DROITE. — *Cadre vitré* F, *contenant des Antiquités.*

1. Fragment de corniche, terre cuite, représentant une figure assise.
2. Fragment d'armure gauloise.
3. Tête de chien, agathe orientale.
4. Un masque de Faune.
5. Deux cailloux sculptés, l'un représentant Janus, l'autre Vérus et Marc-Aurèle.
6. Un monolythe égyptien.
7. Un flacon de terre cuite, du bas-empire.
8. Bacchus enfant, bronze antique trouvé à Clermont.

Ces objets sont à M. BARRE.

MÊME CROISÉE. — *Cadre vitré* G. *Bijoux et autres antiquités.*

1. Un Ecrin avec différens anneaux, en or, en argent et en bronze. Dans le nombre, on distingue une médaille de Faustine en or, des boucles d'oreilles à têtes de chimères, trouvées à Milo, et un collier de même métal.

2. L'Empereur Constans, camée sardonix, trouvé à Vienne.

3. St. Nicolas, ouvrage grec du bas-empire, jaspe sanguin.

4. Talisman ou sceau en pierre olaire. On a cru y reconnaître les 7 jours de la semaine, trouvé à Vienne.

5. Scène de musique champêtre, bas-relief en ivoire.

6. Aiguille d'emballage et styles pour la poterie.

7. et 7. *bis*. Deux fragmens de cuirasse qui ont appartenus à une statue.

8. Miroir de poche.

9. Amulette en corail, en forme de main.

10. Aiguille de tête, en ivoire; elle paraît appartenir au règne de Domitien.

10 *bis*. Différens ébauchoirs et outils pour la poterie.

11 et 11 *bis*. Deux oreilles de casque de la Légion fulminante, trouvées à Vienne.

12. Cuiller en bronze, pour prendre l'encens.

13. Gladiateur en repos. — Statuette remarquable par son style et sa belle patine.

14. Osselets en bronze et en ivoire; pirouette en verre granité, pour lester le fuseau; clef en forme d'anneau; bouton en bronze, etc.

15 et 15 *bis*. Styles d'argent, en forme de cuiller; un côté servait à faire fondre la cire, l'autre à tracer les lettres sur les tablettes.

16. Trois bracelets d'argent; deux à charnière, du bas-empire, le troisième a été trouvé à Optevos, en Dauphiné.

17. Poids de trois onces romaines, en pierre de Lydie.

18. Une Vénus, fragmentée, en bronze, d'un beau style, trouvée à Aost, en Savoie.

19. Un petit Amour assis, tenant une colombe, en bronze.

20. Une tessere, en ivoire, qui a servi de billet d'entrée pour les jeux scéniques. L'indication de la place marquée au revers, porte le n.° cent neuf C. IX.

21. Poids en bronze, de trois onces, avec les noms de Tibérius, Claudius, Cæsar Augustus, incrusté en argent.

Ces objets appartiennent à M. Artaud.

Même croisée. — *Cadre vitré* II, *différens bronzes.*

1. Manche de bassin pour les sacrifices, dans la forme d'un victimaire, supportant deux beliers, style antique.

2. Poignard du même style, qui a été trouvé dans le rocher du Crussol, à 500 pieds de profondeur.

3. 16 Sceaux pour marquer la grosse poterie.

4. 29 Clefs de différentes formes, quelques-unes sont en fer.

5. Boucle de ceinturon.

6. Petite lampe consacrée à Diane.

7. Poupée en bois peint, jouet d'enfant.

5. Fragment de la cuirasse d'une statue.

9. Sonnette relative au culte de Bacchus.

10. Style dont la grandeur fut défendue dans un temps, parce qu'on s'en servait comme d'un poignard.

Ces objets appartiennent à M. Artaud.

Table au centre du Salon;

Elle est couverte d'un tapis de Chine, en soie, à figures et à ramages, appartenant à M. Joly. A V.

1. Le pied droit, en bronze, du Louis le grand de la place de Bellecour, moulé sur l'original et sous la direction de l'auteur de la statue, M. le Ch.er Lemot, lyonnais, membre de l'Académie royale des beaux-arts de l'Institut. Cette partie séparée donne une juste idée de la grandeur de l'ouvrage entier : elle a été fondue et ciselée pour M. le Comte de Brosses.

2. Aiguière avec son bassin, en étain doré, par François Briot, potier du XVIe siècle. A M. CARRAND.

3. Aiguière d'émail, de Limoges, avec son bassin, même siècle. A M. CARRAND.

4. Grande coupe de verre, ornée de lacs et autres dessins. XVI siècle. AU MÊME.

5. Compotier de faïence, imitant un chou; ancienne fabrique. AU MÊME.

6. Vase de grès, émaillé en bleu. AU MÊME.

7. Flacon d'étain, orné de bas-reliefs, par F. Briot. A M. BARRE.

8. Plat de faïence, de B. Palissy. A M. CARRAND.

9. Grand plat de faïence, dont le fond est semé de reptiles et de poissons, par le même. AU MÊME.

10. Plat de faïence, par le même. AU MÊME.

11. Cadre vitré contenant 20 lampes d'argile, antiques. A M. BARRE.

12. Plat de faïence, de B. Palissy. A M. CARRAND.

13. Autre plat de faïence, du même. A M. JOLY. A V.

14. Plat de faïence, du même. A M. CARRAND.

15. Grande lampe en verre, dorée sur les bords. Du XVIIe siecle. AU MÊME.

16. Nautile monté en vase, XVIe siècle. AU MÊME.

17. Salière de verre. AU MÊME.

18. Deux tasses en mascaron (sous le même N.^{o}). AU MÊME.

Bustes en marbre, placés entre les croisées.

1. M. Caton, par Puget.
2. Iphigénie, par M. A. Slodz.
3. Calchas, par le même.
4. Homère, par Puget.

Ces bustes appartiennent à l'ACADÉMIE DE LYON.

SALON DU CHEVALIER.

1. Paysage, par de Witte; figures, par M. Duclaux. A M. MAS.
2. Le Christ outragé par les Juifs, par G. Seghers. A M. FRANCOAL.
3. Massacre des innocens, par Guido Reni. A M. G. VINCENT.
4. Vue du pont du change, au soleil couchant, par M. Grobon. A M. FRANCOAL.
5. L'adoration des Mages, par Jacques La Vecq, élève de Rembrandt. A M. COULET.
6. Vue de l'île Barbe, prise de l'ancienne maison Regny, par M. Grobon. A M. FRANCOAL.
7. Intérieur d'une écurie, par M. Bellay. A M. FRANCOAL.
8. Groupe de cavaliers sous un hangard, par M. Suebak. A M. SUIFFET.
9. Vue d'un moulin dans un paysage, par Salmon. A M. CAPELIN.
10. Chasseur se désaltérant à une fontaine, par Albert Kuip. A M. FRANCOAL.
11. Corps-de-garde, par J. Le Duc. A M. C. RAMBAUD.
12. Grande route, cavaliers autour d'un cabriolet, par M. Suebak. A M. A.-J. MARTIN.
13. Scène de voleurs, par Palamèdes. A M. DE LACROIX-LAVAL aîné.
14. Paysage, par de Witte; figures par M. Duclaux. A M. MAS.
15. Marine, par Swaghers. A M. ROUX.
16. Autre marine, par le même. AU MÊME.
17. Paysage, par Seyfert. A M. SUIFFET.
18. Paysage, par Swaghers. A M. SUIFFET.
19. Intérieur d'une forge, par M. Topfer de Genève. A M. de CAZENOVE.

20. Groupe de vaches, par Albert Kuip. A. M. COULET.

21. Vue d'une ville sur les bords du Rhin, par Gaspard Van Witetli. A M. SUIFFET.

22. Paysage, par Winantz. A M. CAPELIN.

23. Paysage, maître inconnu. A M. CAPELIN.

24. Paysage et animaux, par M. Demarne. A M. A.-J. MARTIN.

25. Paysage, maître inconnu. A M. SUIFFET.

26. Un ange et S. François en extase, maître inconnu. A M. TURIN.

27. Marine, gouache, d'après J. Vernet. A. M. CHAPELLE.

28. Clair de lune, par M. Epinat. A M. ROUX.

29. Une tête de mendiant, par Teniers. A M. de FLEURIEU.

30. Paysage, dessin au lavis, par M. Philastre, l'un des peintres décorateurs du nouveau grand théâtre. A M. POLLET.

31. Paysage, par Patel. A M. CAROLE.

32. Paysage avec deux cavaliers, par Théodore Wyck. A M. GRAND-PIÉGAY.

33. Vue de Châlon-sur-Saône, par M. Duclaux. A M. MONTAIN.

34. Marine, maître inconnu. A M. FRANCOAL.

35. Un homme et sa femme occupés à faire danser un petit chien, pour amuser leur enfant, par Octovelt, élève de G. Terburg. A M. RICHARD.

36. Paysage, marche d'animaux sur les bords d'une rivière, par Albert Kuip. A M. RICHARD.

37. La mer de glace, par Phelip. A M. Didier PETIT.

38. Vierge grecque. A M. ROCARD.

39. Paysage, par Ruisdael. A M. GODINE.

40. Une ruine, gouache, par M. Epinat. A M. CHAPELLE.

41. Autre ruine, par le même. AU MÊME.

42. Voûte de Balme du côté de Cluse, par Phelip. A M. Didier PETIT.

43. Paysage, marche d'animaux, par K. Dujardin. A M. CAPELIN.

44. Une femme donnant de la bouillie à son chat, par Crespi. A M. de LACROIX-LAVAL aîné.

45. Foire de village, par Demarne. AU MÊME.

46. Une forêt, par Rap de Wries. A M. A.-J. MARTIN.

47. Paysage. Halte de cavaliers, par Verchuuring. A M. A.-J. MARTIN.

48. Soldats et Bohémiens, par Bourdon. A M. Didier PETIT.

49. Paysage avec des figures de pêcheurs, par Van Hakert. A M. Victor COSTE.

50. Paysage. Maître inconnu. A M. GODINE.

51. Chevaux à l'abreuvoir auprès d'une ruine, par J. Asselyn. A M. MONERET. A V.

52. Paysage, par With. A M. LABORÉ.

53. Ruine de Marmoutier, par M. Epinat. A M. ROUX.

54. Marine, par Van Hakert. A. M. Victor Coste.

55. Hommes à cheval au passage d'une rivière, par N. Berghem. A M. GRAND-PIÉGAY.

56. Paysage, soleil couchant, par M. Bidault. A M. GODINE.

57. Paysage, par B. Breemberg. A M. G. VINCENT.

58. Paysage, halte de cavaliers par Martin. A M. LABORÉ.

59. Paysage, barque de pêcheurs, maître inconnu. A M. GODINE.

60. La vieille fileuse, par M. Thierriat. A M. G. VINCENT.

61. Porte d'un hôpital, par le même. A M. CHOMETON. A V.

62. J. C. et les petits enfans :

Sinite parvulos venire ad me.... Maître inconnu. A M. ROY.

63. Vue de l'église de l'observance, par M. Chometon A M. THIVIN. A V,

64. Vue de l'eglise d'Ainay, par le même. AU MÊME. A V.

65. Une nourrice rapportant un berceau vide, par M.me PETIT-JEAN. A V.

66. Une cuisinière mâconnaise, par M.me Petit-Jean. A V.

67. La Ste. famille, école française, attribuée à J. Stella. A M.me Neyrat. A V.

68. Cérémonie d'un baptême, par M. Jacquand. A V.

69. Portrait de M.***, par le même.

CURIOSITÉS, OBJETS D'ART ET ANTIQUITÉS.

Croisée près de la cheminée. — *Cadre vitré* A.

1. Couteau à manche d'ivoire, sculpté. XVIe siècle.
2. Trois cuillers d'ivoire, même siècle, sous le même n.°
3. Couteau de poche, à manche d'ivoire, en forme de génie ailé. XVIe siècle.
4. Garde d'épée sculptée, en ivoire. XVIIe siècle.
5. Poignard à manche et gaîne d'ivoire, sculpté, du XVe siècle.
6. Fuseau d'ivoire de la fin du XVIe siècle.
7. Boîte à briquet en fer, ciselée. Même époque.
8. Dague de fer, ciselée, dans sa gaîne de fer. XVI siècle.
9. Bourse de militaire, en fer ciselé. Même époque.
10. Clef en fer ciselé. Même époque.
11. Boucle de ceinturon, en fer ciselé, offrant en relief le sujet de la mort de Sénèque. Même siècle.
12. Petite cerpe avec cette devise : Du bon du cœur je vous la donne. XVIIe siècle.
13. Eventail d'ivoire, sculpté, ayant appartenu à la reine Marie-Antoinette.
14. Montre, d'argent incisé. XVIe siècle.
15. Autre montre du même temps, contenue dans une boîte de cristal de roche, en forme de croix.
16. Grande montre à réveil, en cuivre doré et ciselé, fin du XVIe siècle.

17. Médaillon de bronze doré, d'Alexandre Farnèse.
18. Médaillon d'argent doré, de Gustave Adolphe.
19. Le Christ, jaspe sanguin, travail grec du moyen âge.
20. Le Christ sur la croix, même matière, même travail, époque plus reculée.
21. Miroir à biseau, du temps de Louis XIII.
22. J. C. en profil, jaspe sanguin, du XVIe siècle.
23. La divine Parthénice, même matière, travail grec du moyen âge.
24. Médaillon d'argent doré, de Sigismond V, duc de Saxe.
25. Médaillon en bronze doré, de l'empereur Maximilien.
26. Médaillon d'argent, fouré en or, de Henri II, roi de France.
27. Sceau en bronze, de J. Alexandre, cardinal légat, etc. remarquable par le travail et la grandeur.
28. Autre sceau en bronze, du sire de Montagu, seigneur de Couches.
29. Sceau en bronze, du chapitre d'Arles, dans le XIIIe siècle.
30. Louis et Carloman, sculptés sur un silex, travail moderne.
31. Bijou d'un travail grossier, du XVIe siècle.
32. Henri IV et Marie de Médicis, sur coquille.
33. Bourse de mariage, avec les portraits des époux, en émail. Temps de Louis XIV.
34. Louis XIII, sur coquille.
35. Elisabeth d'Angleterre, camée en agathe, serti en or émaillé. XVIe siècle.
36. Sceau en bronze de l'abbaye de St. Just. XIIIe siècle.
37. Sceau en bronze du sire Gonnault de Barres.
38. Sceau en bronze du cardinal François, évêque de Tusculum.
39. Tenailles de bronze du Xe siècle.
40. Buscs en ivoire et en baleines, chargés d'emblême de devises. Fin du XVIe siècle.

41. Epingle trouvée dans un tombeau du XIIIe siècle.

42. Dez à coudre, en vermeil, avec une devise. Fin du XVIe siècle.

Ces objets appartiennent à M. Revoil.

MÊME CROISÉE. — *Cadre vitré* B, *contenant divers objets sculptés en bois.*

1. Chef-d'œuvre d'ornemens. XVIIe siècle.
2. Petit cartouche orné au centre d'un bas-relief, et au revers d'un tableau de marqueterie. XVIe siècle.
3. Chapelet dit de la reine Marguerite, décrit dans le 17e vol. des mémoires de l'académie des inscriptions, chef-d'œuvre du XVe siècle.
4. Médaillon de l'empereur Charles-Quint, jeune.
5. Autre médaillon de Charles V, avant qu'il fût empereur, ouvrage d'Albert Durer.
6. Deux chefs de l'armée de Charles-Quint, école allemande, sous le même n.°
7. Médaillon d'un prince et d'une princesse de Saxe, même école.
8. Etui à mettre un livre. XVIe siècle.
9. Croix grecque.

Ces objets appartiennent à M. Revoil.

CROISÉE A DROITE. — *Cadre vitré* C, *contenant :*

1. Olyphant ou cor de chevalier, en ivoire, de Louis, infant de Portugal, duc de Beka et grand connétable du royaume, né en 1505, mort en 1555.

Ce cor, enrichi d'or et de pierreries de restauration moderne, présente les armoiries de Portugal et de Beka ; autour du pavillon se lit cette inscription en capitales gothiques : INFAMTE DOM LVIS.

2. Dent de morse sculptée, de travail runique, présentant une inscription rune à son extrémité.

Cet objet, dont l'usage nous est inconnu, et qui a sans doute été apporté en France lors de l'invasion des Normands, sous Louis-le-Débonnaire, a été gravé et décrit dans l'histoire de la Ste. Chapelle de Paris, par Morand, et faisait, avant la révolution, partie du trésor de ladite chapelle.

3. Diptique d'ivoire, du XIVe siècle, à deux registres, dont l'un représente le crucifiement, et l'autre la vierge adorée par les anges.

4. Autre diptique d'ivoire, du XVe siècle. Même sujet.

5. Miroir de poche en ivoire, représentant le siége du château d'amour.

6. Cuiller d'ivoire, sculptée. XVIe siècle.

7. Deux montres ovales, en argent des premières en usage au XVIe siècle : les verres sont en cristal de roche.

8. Bourse d'émail, du XVIe siècle.

9. Chapelet de 10 grains, en agathe. XVIe siècle.

10. Trois anneaux d'or, deux d'argent et un de bronze des XVe et XVIe siècles.

11. Une croix pectorale d'or, émaillée. XVIe siècle.

12. Portrait en buis de René d'Anjou, roi de Sicile et comte de Provence, dit le bon roi René. XVIe siècle, attribué à Albert Durer.

13. Médaillon de bronze doré, frappé à l'occasion du mariage d'Henri IV et de Marie de Médicis.

14. Médaillon de bronze doré, frappé en l'honneur de Marie de Médicis, par la ville de Paris.

15. Médaillon de bronze doré, de Louis XIII et d'Anne d'Autriche.

16. Sceau pendant, en plomb, de la commune de Dijon sous le duc Hugues III. XIIe siècle.

17. Grand sceau, en cuivre, aux armes de Bourgogne, avec cette inscription gothique : LE SEEL DE LA CHASTELLENIE DE BAYGÉ. XVe siècle.

18. Sceau d'argent du couvent des Cordeliers de St. Bonaventure de Lyon. XVIe siècle.

19. Sceau en cuivre du duc de Villeroi, gouverneur de Lyon sous Louis XIII.

Ces objets appartiennent à M. Carrand.

Au milieu de la croisée.

Sous un petit globe de verre C. C., un petit vaisseau en ivoire. A M. Fontaine. A V.

Même croisée. — *Cadre vitré* D, *contenant :*

1. Tableau gothique d'ivoire, dit chapelle, représentant le mariage de St. Joseph avec la vierge Marie, entouré de l'arbre généalogique de J. C. depuis Abraham. XVe siècle.

2. Diptique d'ivoire, à quatre registres, représentant des sujets de la vie de J. C. XIVe siècle.

3. Coffret de noces, gothique, en ivoire, du commencement du XIVe siècle, représentant un tournois et divers sujets tirés des romans de cette époque.

4. Coffret de buis, sculpté, de la meilleure époque de l'art. XVIe siècle.

5. Miroir de poche, en ivoire sculpté, du commencement du 14.e siècle, présentant une rencontre de chevaliers. La forme du cimier de leurs heaumes et les selles fermantes des chevaux sont remarquables. La glace métallique, selon l'usage d'alors, existe encore au revers.

6. Pièce d'échec, en ivoire, formée par un groupe d'anciens guerriers, de travail extrêmement barbare.

7. Tête d'ivoire, débris du bâton de l'ordre de la société de la Mère folle de Dijon.

8. Pistolet à rouet, incrusté d'ivoire. XVIe siècle.

9. Poire à poudre, en ivoire sculptée. XVI.ᵉ siècle.

10. Crosse épiscopale, en bronze doré, du commencement du XV.ᵉ siècle.

11. Serpe d'agriculture du XVI.ᵉ siècle, dont le manche en cristal de roche églomisé, porte cette inscription :

A PRÉNOTTE DE COIFFY, FEMME DE MESSIRE PIERRE DE RÉCOURT, avec les armoiries des deux époux. L'étui, de travail gothique, est en cuir gaufré.

12. Alidade en ivoire et cuivre doré, servant à pointer l'artillerie dans le XV.ᵉ siècle.

13. Petite horloge de table, en cuivre doré. XVI.ᵉ siècle.

14. Ciseaux en forme de forces, damasquinés. XVI.ᵉ siècle.

15. Deux petits couteaux de dessert. XVI.ᵉ siècle.

Ces objets appartiennent à M. CARRAND.

Sur une table en face de la cheminée, Cadre vitré E, *contenant :*

Onze tableaux en émail, de Limoges.

Trois coupes, *id.*

Un bas-relief en ivoire, représentant la conception de la Ste. Vierge.

Un petit coffret en ivoire, sculpté.

Une poire à poudre, sculptée, en corne de cerf.

Un portail d'église gothique, en argent.

Une croix émaillée, enrichie de pierreries.

Ces objets, qui appartiennent à M. JOLY, *sont* A V.

Sur le piédestal F.

Petite statue équestre, en bronze, de Marc-Aurèle. A M. GAVINET.

Au-dessus de la statue :

G. Un lion en marbre rouge, encadré. A M. JOLY. A V.

H. Un gladiateur, en bronze. A M. GAVINET.

I. Un secrétaire, en ivoire, incisé en noir. A M. JOLY. A V.

K. Armure complète d'un chevalier. Sa masse d'armes et son épée à deux mains, (sous la même lettre) commencement du XVIe siècle. A M. CARRAND.

L. Grand coffre en bois, décoré de statuettes de saints dans leurs niches gothiques, XVe siècle. A M. REVOIL.

Au-dessus de l'armure du chevalier.

M. Une rondache ou bouclier en fer, orné de figures rehaussées et ciselées. XVIe siècle. A M. CAZENOVE.

N, Hallebarde de fer, damasquinée en argent. XVIe siècle. AU MÊME.

O. Quatre hallebardes. Même époque. A M. CARRAND.

P. Deux épées du même temps. AU MÊME.

Sur la Cheminée.

1. Au centre, le buste de M. le conte de Bastard, Pair de France, premier président de la Cour royale de Lyon, par Mme de SERMEZI.

2. Isis envelopée dans une conque marine, en bronze. A M. de JERPHANION.

3. Hercule en bronze. A M. BARRE.

4. Jupiter en bronze. A M. de JERPHANION.

5. Petit buste de Germanicus en marbre. A M. de FLEURIEU.

6. Enfant sur un dauphin, en marbre. A M. POLLET.

7. Neptune en ivoire. A M. JOLY. A V.

8. Bacchus en ivoire. AU MÊME. A V.

9. Diane au bain, en ivoire. AU MÊME. A V.

10. Coffret de fer, gravé. AU MÊME. A V.

GALERIE DE BOISSIEU.

1. Le petit messager, par M. Biard, peintre lyonnais. A M. REVOIL.

2. Intérieur d'une église gothique, par Petters Neef. A M. MONERET.

3. Le maréchal ferrant, par P. Wouwermans, à M. GRAND ZACHARIE.

4. Moulin sur le Rhône, par M. Grobon, peintre lyonnais, prof. à l'école royale des beaux-arts. A M. V. COSTE.

5. Vue de l'abbaye de Sylvacane en Provence, par M. le chev. Revoil, lyonnais, peintre de Madame la Dauphine et professeur à l'école royale des beaux-arts.

6. Portrait de Mad. R.... en costume Bernois, par M. Trimolet. A M. REVOIL.

7. La sainte Famille, par Perrin del Vague. A M. DE VILLENEUVE.

8. Portrait de M. l'abbé P...., par M. Trimolet. A M. DIDIER PETIT.

9. Vue d'une belle fabrique, sur les bords d'une rivière, dessin au lavis, légèrement rehaussé de blanc, par feu M. J.-J. de Boissieu, peintre lyonnais, correspondant de l'Institut de France. A M. BARRE.

10. Vue d'une mare d'eau, dessin à l'encre de Chine, par le même. A M. FRANCOAL.

11. La fuite en Egypte, aquarelle, par le même. A Mad. veuve DE BOISSIEU.

12. Vue d'une porte de village, dessin au bistre et à l'encre de Chine, par le même. A Mad. DE BOISSIEU.

13. Etude d'une génisse, peinte à l'huile, par le même. A M. DUGAS DE VARENNE.

13 *bis*. Etude d'un belier, par le même. A M. BARRE.

14. Portrait du pape Pie VII, dessin à la mine de plomb, par le même. A Mad. de BOISSIEU.

15. Le petit concert, dessin à la mine de plomb, par le même. A M. TURIN.

16. Le chasseur endormi, dessin à la mine de plomb, par le même. A M. de BOISSIEU fils.

17. Etude d'une chèvre, par le même. A M. BARRE.

18. Portrait du frère de M. de Boissieu, par M. de Boissieu, dessin au crayon noir. A M. C. RAMBAUD.

19. Le petit déjeûner, dessin à la mine de plomb, par le même. A M. TURIN.

20. L'*arcopage* des joueurs de boule, dessin à l'encre de Chine, par le même. A Mad. de BOISSIEU.

21. Le repos de la sainte Famille, aquarelle, par le même. A Mad. de BOISSIEU.

22. Groupe de villageois, dessin à l'encre de Chine, par le même. A M. FRANCOAL.

23. Vue du Château gaillard, dessin au lavis, rehaussé de blanc, par le même. A M. BARRE.

24. Vue d'une rivière bordée d'arbres, par Ruisdael. A M. FRANCOAL.

25. Intérieur d'une église de Hollande, par Job Berckheyd. A M. le chev. RICHARD.

26. Groupe de plantes, de reptiles et d'insectes, par Amilton. A M. FRANCOAL.

27. Le petit mendiant et le Tapir, par M. Bonnefond, peintre lyonnais. A M. REVOIL.

28. Cavalier dans une forêt, par Pierre Wouwermans.

29. Portrait de M. le chev. A.... dans une ancienne galerie du palais de St-Pierre, par M. Genod. A M. REVOIL.

30. La grotte des *Étroits*, par M. Grobon. A M. GROBON. A V.

31. Intérieur d'une chambre où une jeune fille travaille auprès de sa mère, par M. Grobon. A M. de FLEURIEU.

32. Intérieur d'écurie. Un palfrenier tient un cheval blanc que va monter un voyageur, par M. Bellay. A M. de FLEURIEU.

33. Paysage et animaux, par Berghen. A M. A.-J. MARTIN.

34. Portrait en pied de Henri IV, par Porbus. A M. AYNARD.

35. Une marine, vue des environs de Rochefort, par J. Vernet. A M. COULET.

36. La Ste. Vierge, par Salzo Ferrato. A M. COMARMOND.

37. Vue de Venise, par Canaletto. A M. B.*** A V.

38. Vue de la place de St-Marc à Venise, par le même. Au même. A V.

39. Petite marine, par J. Ruisdael. A M. G. VINCENT.

40. Vue d'Italie, par M. Epinat. A M. ROUX.

41. La Samaritaine, par Patel. A M. de CAZENOVE.

42. Villageois flamands dans un intérieur, maître inconnu. A M. H. ROUX.

43. Une forêt, par M. Bidault. A M. MONERET. A V.

44. Combat de cavalerie, par Bey de Jeox. A M. MONERET. A V.

45. Autre combat du même auteur. A M. MONERET. A V.

46. Vue d'une église de village par M. Duclaux. A M. MONTAIN.

47. Le petit fumeur endormi, maître inconnu. A M. MONERET. A V.

48. Dessin au lavis, par M. Bourjot, architecte. A M. POLLET.

49. Effet de neige, maître inconnu. A M. V. COSTE.

50. Dessin au lavis, par M. Bourjot. A M. POLLET.

51. Paysage, par Herman Swanevelt. A M. LABORÉ.

52. Groupe de cavaliers, par J.-B. Martin. A M. GODINE.

53. Danse villageoise au milieu d'un paysage, par Bruandet. A M. CAPELIN.

54. La marchande de poissons, par Naiveu. A M. JOLY. A V.

55. Intérieur d'une ferme, par M. Duclaux. A M. G. VINCENT.

56. Maison rustique, par J. Ruisdael. A M. CAPELIN.

57. Jeune fille puisant de l'eau, par Gerard Dow. A M. de VILLENEUVE.

58. Le Marchand de volailles, par Miéris. A M. C. RAMBAUD.

65. Propertia. Elle sculpte le buste d'un jeune homme qu'elle aime vainement, dessin par M. Revoil. A M.me de SERMÉZI.

60. Portrait d'une jeune fille, par Greuze. A M. COULET.

61. Andromaque.

C'est Hector, disait-elle en l'embrassant toujours.

Dessin par le célèbre Prudhon. A Mad. MAYEUVRE.

62. Site d'Italie, animé sur le premier plan par une marche de figures et d'animaux, dessin au lavis, par J.-J. de Boissieu. AU MUSÉE DE LA VILLE.

63. Assemblée de villageois, dessin à l'encre de Chine et à la sépia, par le même. A M. DUGAS DE VARENNE.

64. Porte de village, à l'encre de Chine, par le même. AU MÊME.

65. Fabrique ruinée, dessin à l'encre de Chine, par le même. A M. C. RAMBAUD.

66. Les vaches dans l'eau, superbe dessin à la mine de plomb, par le même. A M. de BOISSIEU fils.

67. Un enfant jouant aux poules de cartes, dessin à la mine de plomb, chef-d'œuvre en ce genre de J.-J. de Boissieu. A M.me de BOISSIEU.

68. Le petit Savoyard, à l'encre de Chine, par le même. A M. FRANCOAL.

69. Vue d'un four à chaux, dessin à l'encre de Chine, par le même. A M. BARRE.

70. Fabrique sur le bord d'un torrent, dessin au bistre, par le même. A M. C. RAMBAUD.

71. Vue de l'ancien couvent des Carmes déchaussés, à l'encre de Chine, par le même. A M. DUGAS DE VARENNE.

72. Vue du château d'Erménonville, dessin au bistre, par le même. A Mad. de BOISSIEU.

73. Passage d'une rivière, d'après Karel Dujardin, aquarelle, par le même. A M. DUGAS DE VARENNE.

74. Vaches et figures, au crayon noir et à l'estompe, par le même. A M. de FLEURIEU.

75. La déesse Flore, tableau par Poelemburg. A M. de VILLENEUVE.

76. Concert italien, par Le Giorgione. A M. TRÉLIS.

77. La Magdelaine de Lebrun, répétition en petit du beau tableau des Carmélites de Paris. A M. G. VINCENT.

78. Diane chasseresse, par Poelemburg. A M. de VILLENEUVE.

79. Cloître d'un couvent de capucins, par M. Thierriat. A M. REVOIL.

80. Antoine de Bourbon apprenant à tirer de l'arc à Henri IV enfant, dessin à l'encre de Chine, par M. Revoil. A M. ARTAUD.

81. Effet de neige, par Ruisdael. A M. de FLEURIEU.

82. Vue d'une maison de plaisance, par Vander Heyden. A M. FRANCOAL.

83. Vue du pont du Change, par M. Grobon. A M. G. VINCENT.

84. Une jeune fille attristée de la fuite d'un oiseau, par M. Jacomin. A. M. GODINE.

85. Vue d'une ferme, par M. Grobon. A M. GROBON. A V.

86. Le vin de l'étrier, par M. Bellay. A M. de FLEURIEU.

87. Les trois Sorcières, par Van Ostade. AU MÊME.

88. Etude d'un chien, par Winantz. A M. BARRE.

89. La boutique d'un cordonnier, école flamande. A M. C. RAMBAUD.

90. Le portrait du Bramante, école des Carraches. A M. A.-J. MARTIN.

91. Le bureau de la diligence, par M. Biard. A. M. BIARD. A V.

92. Une vieille femme avare, par E. Maas. A M. GRAND-ZACHARIE.

93. Tête de femme, école française. A M. SUIFFET.

94. Tableau de fruits, par Michel Ange des Batailles. A M. de JERPHANION.

95. Autre tableau de fruits, du même. AU MÊME.

96. Vue des ruines de Pompeï, dessin au lavis, maître inconnu. A Mad. MOREL.

97. La Ste. Vierge et Ste. Catherine, par Jean Belin. A M. MICHOUD.

98. Autre dessin des ruines de Pompeï. A Mad. MOREL.

99. Restes d'un temple grec, près de la roche percée de Canoben, dans le Liban, aquarelle, par Cassas. A M. le comte de BROSSES.

100. Offrande de fleurs à la Ste. Vierge, par M. Veyron, AU MÊME.

101. Moyenne région du mont Liban, aquarelle, par M. Cassas. AU MÊME.

102. Paysage, par Pernay. A M. TRÉLIS.

103. Assomption de la Ste. Vierge, par Cimabué. A M. MICHOUD.

104. Vue du mont Olympe de Bythinie, en Asie mineure, aquarelle, par Cassas. A M. le comte de BROSSES.

105. Groupe de cavaliers devant un camp, par Martin. A M. GODINE.

106. Paysage, par J. Vernet. A M. LABORÉ.

107. Buveurs flamands, école de Teniers. A M. Didier PETIT.

108. Petit portrait d'un chevalier, maître inconnu. A M. TRÉLIS.

109. Petit portrait de femme, même auteur. AU MÊME.

110. Dessin à la plume et au bistre, représentant un combat de cavalerie, maître inconnu. A. M. BERTRAND.

111. Vue de la ville de Tripoli de Syrie, aquarelle, par Cassas. A M. le comte de BROSSES.

112. Deux Génies pressant des raisins, par P. Rubens. A M. de FLEURIEU.

113. Jésus-Christ déposé de la croix, copie d'après Paul Véronèse, par M. Deroy. A M. MONERET. A V.

114. Fabrique flamande, par Decker. A M. GODINE.

115. Portrait d'un officier, dessin au crayon, par J.-J. de Boissieu. A M. JOLY. A V.

116. Vue du temple de Segeste en Sicile, aquarelle, par Cassas. A M. le comte de BROSSES.

117. Vue des ruines de Balbeck au pied de la chaîne du Liban, aquarelle, par Cassas. A M. le comte de BROSSES.

118. Vue de l'ancienne porte de St-Clair, dessin au lavis, par J. J. de Boissieu. A M. TURIN.

119. Ruines du temple de la Sybille, à Tivoli, dessin à l'encre de Chine, par le même, à M. JOLY. A V.

120. Etude de têtes de mouton peintes à l'huile, par le même. AU MÊME.

121. Fabrique d'Italie, par le même. A M.me MAYEUVRE DE CHAMPVIEUX.

122. Intérieur d'une chambre rustique, dessin à l'encre de Chine, des premières études de J.-J. de Boissieu. A M. JOLY. A V.

123. Portraits de deux vieux serviteurs de J. J. de Boissieu, peints par lui-même. A M. de BOISSIEU fils.

124. Portrait de M.me de B.... avec son enfant, dessin au crayon rouge, par le même. A M.me de BOISSIEU.

125. Etude d'un tronc d'arbre avec un chasseur, dessin à l'encre de Chine, par le même. A M. JACOB.

126. Portrait de J.-J. de Boissieu, aquarelle par le même. A M.me de Boissieu.

127. M.me de B.... couronnant le buste de son mari, dessin au crayon rouge, par le même. A M.me de BOISSIEU.

128. Etude d'arbre, à l'encre de Chine, par le même. A M. JOLY. A V.

129. Portrait de M. B.... du T.... frère de J.-J. de Boissieu, aux trois crayons, par le même. A M.me de BOISSIEU.

130. Fabrique d'Italie, au lavis, par le même. A M.me MAYEUVRE DE CHAMPVIEUX.

131. Intérieur d'une chambre à la campagne, au bistre, par le même. A M. REVOIL.

132. Paysage, aquarelle par le même. A M. JOLY. A V.

133. Cavaliers par Verdussen, dessin au bistre. A M.me MOREL.

134. Restes du palais des Lusignan dans l'île de Chypre, dessin à l'aquarelle, par Cassas. A M. le Comte de BROSSES.

135. Vue prise en Dalmatie, aquarelle, par le même. AU MÊME.

136. Monument de Philoppapus, près Athènes. On y remarque trois figures vêtues à l'orientale, qui sont MM. Villoison, l'abbé Delille et l'auteur de ce dessin, M. Cassas. AU MÊME.

137. Aqueduc dans un paysage, gouache, par M. Véry. A M. DAVID.

138. Vue des environs de Gênes, par M. Duclaux. A M. BERTRAND.

139. L'ancien Château de Pierre-Scise, peint par J.-J. de Boissieu. A M. de CAZENOVE.

140. Etude de chevaux arabes, par M. Duclaux. A M. PLANTIN.

141. Un philosophe en méditation, école de G. Dow. A M. GAVINET.

142. Vieille femme lisant, même école. AU MÊME.

143. Dessin de paysage, par M. Epinat. A M. ACHER.

144. Paysage, gouache, par M. Véry. A M. DAVID.

145. Paysage, par M. Arnaud. A M. ARNAUD. A V.

146. Paysage, par le même. AU MÊME. A V.

147. Paysage, école flamande. A M. DIDIER PETIT.

148. Vue du pont de la Guillotière, par Vander Kabel. A M. B***. A V.

149. La leçon de lecture, par M. Dunand. AU MÊME. A V.

150. Une bataille, par P. Wouwermans. A M. de FLEURIEU.

151. Vieille femme mendiante, par M. Biard. A M. PERRET.

152. Deux femmes du temps de Louis XIV, maître inconnu. A M. BERTRAND.

153. L'incrédulité de St. Thomas, par Guerchin. A M. de LACROIX-LAVAL aîné.

154. Bohémiens au Colysée, par Teniers père. A M. GRAND ZACHARIE.

155. Six portraits en miniature sous le même numéro, par M.lle Ferlat. A M.lle FERLAT.

156. Trois portraits sur porcelaine, même N.°, peints par M.lle ***. A M. St. OLIVE.

157. Neuf portraits en miniature sous le même numéro, par M. Macherat. A M. MACHERAT.

Sculptures au milieu de la Galerie.

158. Buste en marbre de Melpomène, copié d'après l'antique, par feu M. Chinard, correspondant de l'institut et professeur de sculpture à l'école royale des beaux-arts de Lyon. A M. le comte de MONTERIANT.

158 *bis*. Buste en marbre de l'amour grec, par le même. AU MÊME.

159. Statue en marbre d'un Amour endormi, couronné de pavots, maître inconnu. A M. C. RAMBAUD.

160. Autre statue, même sujet, par feu M. Julien, membre de l'Institut. A M. de FLEURIEU.

161. Petite statue de Chinard, en pied, modelée par lui-même. Au MUSÉE DE LA VILLE.

162. L'enlèvement de Déjanire, par le même. AU MÊME.

163. Petite statue d'une dame jouant de la harpe, par Chinard. A Mad. de SERMEZI.

Esquisses et Bustes en terre cuite, par Mad. **DE SERMEZI**, *exposés au fond de la Galerie.*

164. La Charité chrétienne. Une jeune femme donne aux pauvres des deux mains.

165. La Prière, avec cette épigraphe : *Domine, exaudi orationem meam.*

166. L'amour piqué par une abeille, sujet tiré de ces deux vers de l'ode XL d'Anacréon, traduits ainsi par M. de St-Victor.

> Je suis perdu, s'écriait-il, ma mère ;
> Je suis perdu, c'est fait de moi, je meurs.

167. La blanche Marguerite :

> Reviendra-t-il, ce dit la jouvencelle ?
> Pas ne viendra, répond la blanche fleur....
> Or, le beau page était caché près d'elle ;
> Il s'écria : L'oracle est un menteur !

168. Daphnis et Chloé, avec ces mots traduits de Longus, par Amyot :

» Parmy aulcunes fois il lui monstrait à jouer de
» la flûte. »

169. Un page écoutant les conseils d'une dame :

> » C'est tout que d'aymer loyaulement,
> En un tout seul lieu, c'est assez ;
> Car un cueur qui partout se part
> Et requiert dame de tout lez,
> En doit avoir petite part. »

170. Le petit Jehan de Saintré et la dame des belles cousines :

» Lesquelles choses je vous ai dites pour être vray amy
» de Dieu. Avez vous cueur de moy obéir ?
» Saintré répond : De tout ce vous remercie
» et le ferai bien si Dieu plait. »

171. La Conversation. Les sonnets de Pétrarque en sont le sujet. Le jeune homme indique dans le livre ces vers du CXX.e sonnet : *Ite, caldi sospiri, al fredo core ; rompete il ghiaccio che pietà contende.*

172. Titus et Bérénice, avec ces vers de Racine :

> Vous cherchez à mourir, et de tout ce que j'aime
> Il ne me reste plus qu'un triste souvenir.

173. Buste de M. le baron D.***

174. Buste de M. de C. B.

Ces objets appartiennent à Mad. DE SERMEZI.

TABLE.

www.ingramcontent.com/pod-product-compliance
Ingram Content Group UK Ltd.
Pitfield, Milton Keynes, MK11 3LW, UK
UKHW031958260826
14628UKWH00005B/2133

9 782329 501253